LOOK BOTH WAYS

Stephen Gill

Auszüge aus ausgewählten Werkserien

Selected Series extracts

Herausgeber:
Museum für Photographie Braunschweig, 2018
Salon Verlag, Köln

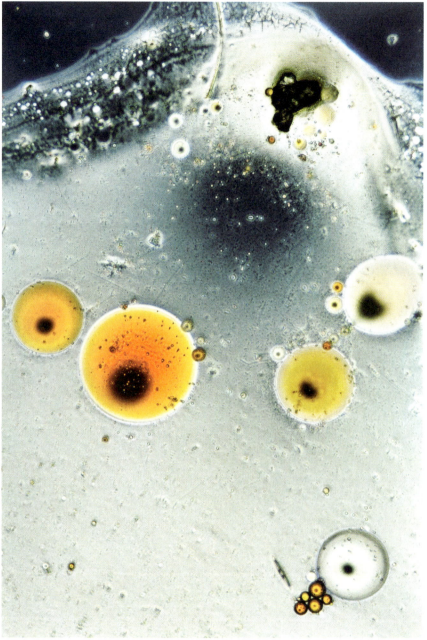

Abbildungen/Plates

Vom Dokument zum Experiment, ein Interview mit Stephen Gill

Barbara Hofmann-Johnson: Du bist in Bristol, Südwestengland, geboren und aufgewachsen und hast einmal erwähnt, dass Dein Vater Einfluss auf Deine Entscheidung hatte, Fotograf zu werden. Könntest Du über Deinen biografischen Hintergrund und darüber erzählen, wie sich Dein Interesse an der Fotografie entwickelte?

Stephen Gill: Mein Vater arbeitete als Laboranalytiker und Chemiker, sein Interesse galt der technischen Seite der Fotografie. Er experimentierte ständig mit Optik, mit Filmformaten und verschiedenen analogen Verfahren, wozu auch die eigene Herstellung von Filmentwicklern gehörte. Wir entwickelten Filme im Badezimmer und stellten Bromidabzüge auf dem Dachboden her. Dies alles geschah während meiner frühen Teenagerjahre und ging damit einher und kollidierte auch damit, dass ich mit den meisten Schulfächern sehr zu kämpfen hatte, voller überschüssiger Energie war, nicht stillsitzen konnte und eine Leidenschaft für Musik entwickelte, die sich in dem ständigen Stapeln und Abspielen von Singles ausdrückte. Die vielen bunten Farben des Papierkreises in der Mitte von Schallplatten sind bis heute in mein Gedächtnis eingebrannt. All dies war irgendwie mit einer großen Neugierde und einer Faszination für die Natur verflochten, insbesondere für Vögel, Insekten und Pflanzen, sowie für das Sammeln von Wasserorganismen, die ich unter dem Mikroskop entdeckte und erforschte. Ich erinnere mich auch, wie ich als Zwölf- oder Dreizehnjähriger Malcolm McLarens Song *Buffalo Gals* hörte, der gerade erst erschienen war und erstmals im Fernsehen gezeigt wurde; hier gab es eine gewaltige Interessensübereinstimmung. Aus heutiger Sicht erscheint es mir lustig, daran zu denken, wie ich in Stulpen umhertanzte, während ich mit Mikroskopen herumspielte.

Ich bin sehr dankbar für diese Jahre, da ich nun eine klare, nachvollziehbare Verbindungslinie zwischen dem, was ich heute mache, bis hin zurück zu meinem Teenageralltag erkennen kann, besonders was die Produktion von Arbeiten bei vergleichbaren Geisteszuständen betrifft.

Ich verstehe endlich (jetzt, da ich in meinen späten Vierzigern bin und gerade letztes Jahr bei mir ADHS diagnostiziert wurde), dass die Fotografie von zentraler Bedeutung für mich war, um mir zu helfen, Informationen aus dem unfreiwillig Absorbierten und aus dem mit Hyperfokus Wahrgenommenen zu filtern und mich befähigte, in Dinge einzutauchen, die mich über lange Zeiträume interessierten. Sie hat mir sehr dabei geholfen, mich auszudrücken und meine überschüssige Energie zu kanalisieren.

BHJ: Wann bist Du nach London gezogen, und wie hat sich Dein Leben als Fotograf hier weiter entwickelt?

SG: Ich bin 1994 nach London gezogen und wollte eigentlich nur ein Jahr bleiben. Letzlich lebte und arbeitete ich aber 20 Jahre lang dort. Zunächst begann ich ein einjähriges Praktikum bei Magnum Photos. Dieses Praktikum erweiterte mein begrenztes geografisches und historisches Wissen und war auch der Anlass, die Fotografie an sich zu hinterfragen – die Art, wie mit ihr Dinge abgebildet, vermittelt und dargestellt werden. Zu dieser Zeit begann ich, bestimmte Aspekte der Fotografie zu hinterfragen und ihnen zu misstrauen.

BHJ: Würdest Du zustimmen, Dich als Autodidakt zu bezeichnen?

SG: Ja, in gewisser Weise schon. Ich verließ die Schule im Alter von fünfzehn Jahren und arbeitete einige Jahre lang ganztags in Fotogeschäften in Bristol, die Filmentwicklungen innerhalb einer Stunde anboten. 1993 besuchte ich dann einen einjährigen Grundkurs am Filton College Bristol, der mir eine wunderbare Basis bot, um mich auf meine persönliche Arbeit zu konzentrieren und meine Studien der Geschichte des Mediums fortzusetzen, großartige Werke zu entdecken und meine technischen Fähigkeiten zu verfeinern, die aufgrund der Leidenschaft und des Unterrichts meines Vaters bereits sehr weit entwickelt waren.

BHJ: Der Londoner Bezirk Hackney wurde für den Zeitraum von fast 20 Jahren die Inspirationsquelle für Deine Arbeit. Die Fotografien in dieser Ausstellung, aus deren Anlass auch dieses Buch erscheint, schließen viele der Werkgruppen ein, die mit Hackney verbunden sind. Wie würdest Du Deine Annäherungen, Vorgehensweisen, die Themenfindungen und Ihre Bezüge zu der Umgebung beschreiben?

SG: Im Osten Londons zu leben war eine unglaubliche Erfahrung, geprägt von ständigen zwischenmenschlichen Begegnungen und ich habe hier großartige Freundschaften geschlossen. Das Leben dort bot intensive visuelle Anregungen und einen kontinuierlichen Ideenfluss. Ich hatte das starke Bedürfnis, viele Aspekte des Lebens in meiner unmittelbaren Umgebung zu erfassen, zu beschreiben und zu verstehen. Da es so überwältigend und unmöglich war, das Ganze zu erfassen, begann ich ab etwa 1998 mich mit engen Themenparametern auseinanderzusetzen, die mich interessierten, um sie dann oft über lange Zeiträume hinweg mit großer Intensität zu erforschen. Diese frühen Serien machten vor allem von den deskriptiven Stärken der Fotografie Gebrauch und entstanden als eigene Typologien, als freie, sachlich klare Studien, meist auf alltäglichen Dingen basierend, die sogar als banal bezeichnet werden könnten. In dieser Phase meiner Arbeit habe ich manches nicht im Bild dargestellt, sondern nur angedeutet oder nahegelegt, so dass es letztlich doch sichtbar wurde ohne erzwungen zu sein. Ich begann an einem Thema oder einer Vorstellung zu arbeiten, die sich bereits in meinem Kopf herausgebildet hatte, suchte also nach etwas, statt auf etwas zu antworten. Ekennbar wird dies in den Serien wie *Billboards, Lost, Trolley Portraits, Audio Portraits, Anonymous Origami* und *Invisible*.

Diese Phase dauerte bis circa 2004. Ab dann begann ich mir über die gewissen Einschränkungen bewusst zu werden, welche einem die sachlich beschreibende Fotografie auferlegt. Oft war es unmöglich, mit ihr alle meine Ideen zu vermitteln. Diese Erkenntnis fühlte sich fast wie das Aufprallen gegen eine Glaswand an und ich begann, die Fotografie weniger als beschreibendes Werkzeug, sondern eher als Antwort- oder Reaktionsmittel zu nutzen, wobei ich manchmal Informationen fast vollständig negierte.

Die erste Serie in dieser neuen Denkweise war *Hackney Wick*. Die Parameter des Themas waren eher geografisch als konzeptionell, und die Umsetzung war eher eine Reaktion auf den Ort als etwa seine Beschreibung. Der Informationsgehalt der Bilder war stark eingeschränkt, da die fotografische Arbeit mit einer Kunststofflinse an einer Bakelit-Kamera ausgeführt wurde, die ich auf dem damaligen Markt in Hackney Wick gekauft hatte. Dies fühlte sich für mich wirklich angemessen an und richtete sich gegen, beziehungsweise umging,

die moderne Idee, bildnerische Klarheit und präzise Informationen als Tatsachen getarnt zu präsentieren und als diese einzusetzen. Erstaunlicherweise trug der eigentliche Mangel an Informationen dazu bei, ein wahres Gefühl für den Ort zurückzuerhalten und dieses zu vermitteln. Später entdeckte ich, dass Plastik in Hackney Wick erfunden worden war. Der Ort selbst trug mich also und steuerte bis zu einem gewissen Grad die Form der schlussendlichen Serie. Diese Besessenheit von einem Ort hielt über viele Jahre an. Mein Vertrauen in gewisse Aspekte der Fotografie nahm jedoch weiter ab.

Mit der Idee, dem jeweiligen Thema mehr Raum zum Atmen zu geben, erprobte ich im Jahr 2005 mit der Serie *Buried* eine erste Zusammenarbeit mit dem Ort selbst. In der Gegend aufgenommene Bilder wurden als C-Print Handabzüge dorthin zurückgebracht, in der Nähe des Aufnahmeortes im Boden vergraben und später wieder ausgegraben, so dass die Beschaffenheit des Ortes ihre Spuren hinterließ und in irgendeiner Weise in die fertigen Abzüge eingebettet wurden.

Auch *Hackney Flowers* kann als eine Art Extrakt gesehen werden, indem hier die Thematik buchstäblich dem Ort entzogen und die Bilder im Studio zusammengestellt wurden, um parallel zu dem, wie ein Ort aussah auch zu beschreiben, wie er sich anfühlte.

In *Talking to Ants* trat ich einen Schritt zurück und arbeitete an dem Punkt, wo sich meine Absichten mit dem Zufall kreuzten. Bis zu einem gewissen Maß wurden die Bilder gesteuert, aber ich konnte nicht sehen, wo sie ankommen würden. Dies war eine sehr aufregende Methode, Bilder herzustellen, und ich habe zwischen 2009 und 2013, abgesehen von wenigen Abweichungen, fast ausschließlich an dieser Serie gearbeitet.

BHJ: Könntest Du etwas genauer auf den technischen Prozess bei *Talking to Ants* eingehen?

SG: Einen Teil des Bildinhaltes bezog ich weitgehend vom Boden und ließ ihn im wahrsten Sinne des Wortes in die Filmkammer von Mittelformatkameras fallen oder rieseln, bevor ich einen Farbnegativfilm einlegte. Solche Bildzutaten konnten eigentlich alles sein, vom

Menschen hergestellte oder natürliche, Staub, Glas, Insekten, Eis, Pflanzen, Spinnen, Metall, sogar andere Bilder, die vorher auf Farbdiafilm gemacht worden waren. Ich habe die Kameras dabei so modifiziert, dass die Filmebene horizontal war. Bei dieser Arbeitsweise lagen die Objekte beim Öffnen und Schließen des Blendenverschlusses direkt auf der Filmemulsion. Sowohl vor als auch hinter dem Objektiv befindliche Motive wurden kombiniert. Auch hier war es meine Absicht, einer Umgebung etwas zu entnehmen, um im Bild ein Gefühl für den Ort zu bewahren.

BHJ: *Talking to Ants* untersucht auch Fragen der Perspektiven und der Bilddimensionen, die Fotografien selbst werden in einem größeren Format präsentiert. Wie triffst Du Deine Formatentscheidungen?

SG: Bei dieser Serie war es von entscheidender Bedeutung, dass die resultierenden endgültigen Abzüge die Wahrnehmung in irgendeiner Weise weiter in den Bann zogen und dazu beitrugen, eine Verwirrung über den Maßstab, über Klarheit und Verzerrung, über Erkennbares und Verschleiertes entstehen zu lassen, während parallel mit Harmonie und Disharmonie und den Möglichkeiten von Bildstörungen gearbeitet wurde. Für mich passt *Talking to Ants* wirklich zu dem Londoner Innenstadtleben, das ich damals kannte und fühlte. Ich habe sehr schöne Erinnerungen an diese Serie, sie war sehr instinktiv.

BHJ: Du lebst nun in Schweden, und Deine aktuelle und über einen längeren Zeitraum entwickelte Serie und aktuelle Buchveröffentlichung seit diesem Umzug heißt *Night Procession*. Deine Methode der Zusammenarbeit bei einem Thema wurde hier noch weiter ausgearbeitet. Mehr und mehr scheinst Du Dich als Autor zurückzuziehen, scheint sich Dein Bewusstsein um Fragen der Autorenschaft innerhalb Deiner Werkentwicklung zugunsten einer kollaborativen Art der Bildererzeugung zu entwickeln. Würdest Du dem zustimmen?

SG: Ja, das tue ich. Ich begriff, dass diese neue Umgebung meine Arbeit in unterschiedlichster Weise beeinflusst und die Natur darin eine Schlüsselrolle spielen würde. Ich bin in den Hintergrund getreten und habe die Kontrolle abgegeben, um das eigentliche Thema dazu zu verleiten und zu zwingen, hervorzutreten; in der Serie *Night Procession* könnte man fast sagen, dass ich vollkommen in den Hintergrund getreten bin und fast alles dem Zufall überlassen habe.

Kurz nach meinem Umzug nach Schweden wurde mir bewusst, dass diese neue, scheinbar trostlose, kahle, flache und offene Landschaft eigentlich von intensivem Leben nur so wimmelte. Bei Tageslicht erschienen hierzu kleine Anhaltspunkte, die mir halfen den Grad der Nachtaktivität zu verstehen. Federbüschel, Tierspuren, abgenagte Äste, Eierschalen, Ameisenhügel, angeknabberte Pilze und eifrige Schlangen und Schnecken, die sich durch das Festmahl der letzten Nacht arbeiteten.

Ich begann mir die von ihrem Instinkt geleiteten Kreaturen in absoluter Dunkelheit auf dem Waldboden vorzustellen und stellte mir auch vor, wie sie aufeinandertreffen. Ich dachte an ihre Augen – nachts so gut wie überflüssig – und an ihren Geruchssinn und ihr fein eingestelltes, geschärftes Gehör.

In Betracht ziehend, wo sich diese Aktivitäten eventuell abspielen könnten und verbunden mit hoffnungsvoller Erwartung, positionierte ich mit Bewegungsmeldern ausgestattete Kameras an Bäumen, hauptsächlich auf niedriger Höhe, so dass jegliche Bewegung den Auslöser der Kamera und einen Infrarotblitz auslöste (der sich außerhalb des visuellen Spektrums der Tiere befand).

Die ersten Resultate erfüllten mich mit Faszination und Freude, da sie etwas abbildeten, das sich wie ein Eintauchen in eine andere, unirdische Parallelwelt anfühlte. Ich fing an, zu überlegen: '*Wäre ich ein Reh, wo würde ich trinken, oder wäre ich eine Eule, wo würde ich mich am liebsten niedersetzen*' – und an solchen Orten installierte ich dann Kameras. In Gedanken komponierte ich bereits den Bildausschnitt. Dadurch, dass Pflanzenpigmente der Umgebung integriert wurden, um die endgültigen Abzüge anzufertigen, war die Natur selbst mitentscheidend bei der Farbpalette und für das von dem Bild ausgehende Gefühl.

Diese Arbeitsweise führte mich zurück zu meinem allerersten Fotoprojekt im Alter von 13 Jahren, bei dem ich am Badezimmerfenster im Hause meiner Eltern in Bristol mit einem zehn Meter langen, an der Kamera angebrachtem Kabelauslöser sitze und probiere, die Gartenvögel zu fotografieren – nur dass ich dieses Mal wahrscheinlich in meinem Bett schlief, während die Bilder aufgenommen wurden.

BHJ: Ein wichtiger Aspekt Deiner Arbeit sind die unter dem Namen *Nobody Books* veröffentlichen Künstlerbücher. Könntest Du auch auf diesen Teil Deiner Arbeit eingehen?

SG: Ich habe Fotografie in Buchform schon immer geliebt und neige dazu, in Serien zu arbeiten. Daher eigneten sich für meine Arbeit sowohl Bücher als auch Ausstellungen aufgrund ihrer jeweilig festgelegten Reihenfolge. Seit 2005 habe ich die Produktion aller meiner Bücher selbst veröffentlicht, bearbeitet, die Reihenfolge bestimmt und betreut.

Ich arbeite nie an einer Serie mit dem Gedanken an ein Buch. Nur, wenn ich das Gefühl habe, ein Thema erschöpft zu haben, oder aber, dass das Thema mich erschöpft hat, fange ich an, darüber nachzudenken, die Arbeiten in einem Buch zusammenzustellen, und ob und wie es veröffentlicht werden könnte. Manche meiner Serien werden nie veröffentlicht. Mir gefällt es, die eigentliche Arbeit zu schützen, sie vor externem Druck zu bewahren und meine Intention nicht zu sehr zu verbalisieren, so dass ich das Momentum nicht verliere, oder schlimmer noch, die Serie scheitern lasse, bevor sie überhaupt existiert.

BHJ: Vielen Dank für diese Einblicke in Deine Biografie und künstlerische Arbeit, die erstmalig in einer Überblicksausstellung mit Fotografien, Büchern, Projektionen und Objekten aus Deinem Archiv, welche im Zusammenhang mit den Fotografien und Büchern stehen, in Deutschland im Museum für Photographie Braunschweig ausgestellt werden.

SG: Danke Dir.

Stephen Gill (geb. 1971, Bristol, UK, lebt aktuell in Schweden) interessierte sich dank seines Vaters und seiner Beschäftigung mit Insekten sowie seiner obsessiven Sammelleidenschaft für Wasserorganismen, die er unter dem Mikroskop untersuchte, seit seiner frühen Kindheit für die Fotografie.

Innerhalb der aktuellen britischen Fotografie ist er als wichtige Position hervorgetreten. Seine fotografischen Arbeiten wurden in vielen internationalen Galerien und Museen ausgestellt und sind Bestandteil von Sammlungen. Hierzu zählen in London die National Portrait Gallery, die Tate, das Victoria and Albert Museum, The Museum of London, The Photographers' Gallery, Victoria Miro Gallery, das Palais des Beaux Arts in Brüssel, das Leighton House Museum, das Haus der Kunst München, die GunGallery in Stockholm oder das Sprengel Museum in Hannover. Darüber hinaus war er mit Einzelausstellungen bei Fotofestivals, wie den Recontres d'Arles, dem Toronto Photography Festival und der PHotoEspaña beteiligt.

Besondere Anerkennung erlangte Gill auch für die Vielzahl der Künstler-Fotobücher, die von ihm im Eigenverlag publiziert wurden.

www.stephengill.co.uk

www.nobodybooks.com

From document to experiment, an interview with Stephen Gill

Barbara Hofmann-Johnson: You were born and grew up in Bristol, South West England, and reading one of your personal statements, you once mentioned that your father had an influence on your decision to become a photographer. Could you speak about your biographical background and how your interest in photography developed?

Stephen Gill: My father worked as a laboratory analyst and chemist, his interests lay in the technical side of photography. He experimented constantly with optics, film formats and different analogue processes, including making film developer from scratch. We processed film in the bathroom and printed bromide prints in the attic. This all took place during my early teenage years and it collided and aligned with an absolute struggle with most subjects at school, high energy and an inability to sit still, my passion for music and constant stacking and playing of 7" records. The array of the vivid solid colours from the paper circle lables in the centre of records remains etched in my mind. All of this was somehow intertwined with heightened curiosity, and a fascination with nature, particularly birds, insects, plant life and collecting pond life to discover and explore under a microscope. I remember also as a twelve or thirteen year old hearing Malcom McLaren's *Buffalo Gals* that had just been released and screened on tv for the first time, and it was a powerfull convergence of interests. Funny to think now of me dancing about in leg warmers whilst messing around with microscopes.

I am very grateful to those years as I now see a clear traceable line from what I do today back to my teenage life in terms of making work with comparable states of mind.

I finally understand (now that I am in my late forties and have just last year been diagnosed with high spectrum ADHD) that photography was key in helping me filter information from the involuntary absorption and hyper focus, and to immerse myself in things that interested me for long periods of time. It was a great help to articulate myself and channel excess energy.

BHJ: When did you move to London and how did your life as a photographer evolve being there?

SG: I moved to London in 1994, I planned only to stay one year and ended up living and working there for twenty years. Initially, I started working on a one year internship at Magnum Photos. This internship expanded my limited knowledge of geography and history, it was also key in my questioning of photography itself and how things are portrayed, conveyed and depicted. Around that time I started to question and distrust aspects of photography.

BHJ: One could say that you were self-taught?

SG: Yes, in a way, I left school aged fifteen and worked full time in one hour film processing shops in Bristol for a few years. Then, in 1993, I attended a one year Foundation Course at Filton College Bristol, which offered an amazing platform to focus on my personal work and to further my studies in the history of the medium, discover great pieces of work and refine my technical skills, which were already quite advanced due to my Dad's passion and teaching.

BHJ: For almost 20 years, the Borough of Hackney became the source of inspiration for your work. Your photographs in this exhibition, on the occasion of which this book is also published, embody many of the series connected to Hackney. How would you describe your approach of finding themes and your relation to the area?

SG: Living in East London was incredible with constant human encounters, and I formed great friendships. It provided a heightened visual stimulation and a continous flow of ideas. I had a strong desire to grasp, describe and make sense of many aspects of life in my immediate surroundings. Since it was so overwhelming and impossible to encapsulate as a whole, I started, from around 1998, to tune my mind into and grapple within narrow subject parameters that interested me and then explored them in great depth, often over long periods of time. These early series very much utilised photography's descriptive strengths, they were typologies of a kind, detached straight-forward studies usually based on day to day things that could even be seen as banal. This period of my work often suggested and implied what was absent in the image and could perhaps be seen without forcing a point. I would commence making work with a subject or preconception that was already forming in my mind, so I was searching for rather than responding to something. This can be seen in series such as: *Billboards, Lost, Trolley Portraits, Audio Portraits, Anonymous Origami* and *Invisible*.

The period lasted until around 2004. It was then that I started to be aware of certain restrictions straight descripitive photography imposed, and that it was often unable to convey all my ideas. This realisation felt rather like hitting a glass wall, and I started to work with photography less as a descriptive tool and more as a means of response or reaction, sometimes almost denying information completely.

The first series with this new mind-set was *Hackney Wick*. The subject parameters were geographical rather than conceptual and the execution was more of a reaction to a place rather than solely a description of it. Information was to a great extent constrained because the work was made with a plastic lens on a bakelite camera, purchased at the market that once stood in Hackney Wick. It felt really appropriate and went against or around the modern idea of using clarity and heightened information, disguised and presented as fact. Amazingly, the lack of information helped to retain and convey a true sense of the place. I later discovered that plastic was invented in Hackney Wick. So the place itself carried me and steered the shape of the finished series to some extent, and this obsession with place lasted many years. My trust in some aspects of photography, however, continued to decline.

In 2005, with the idea of giving more space for the subject to breathe, I attempted my first collarbration with the place itself in a series called *Buried*. Images made in the area were taken back as hand printed c types and were buried in the ground close to where they were taken and later unearthed so the physicality of place made its mark and somehow became embedded in the finished prints.

Hackney Flowers can also be seen as an extraction, literally pulling the subject matter out of the place and assembling the images in the studio to describe what a place felt like alongside what it looked like.

In *Talking to Ants* I stepped back and worked at the point where my intentions collided with chance. So the images were steered to an extent, but I was blind to where they would land. This was a very exciting way of making images and I worked pretty much continuosly on that series between 2009 and 2013 with just a few sidesteps.

BHJ: Could you describe the technical process of *Talking to Ants* in greater detail?

SG: I was sourcing part of the image content, mostly from the ground, and literally dropped or sprinkled it into the film chamber of medium format cameras before loading a colour negative film. Such image ingredients could be anything really; man-made or natural, from dust, glass, insects, ice, plant life, spiders, metal, even other images that were made prior on colour transparency film. I modified cameras so the film plane was horizontal. This way of working meant that these objects were sitting directly on top of the film emulsion when the shutter opened and closed combining subject matter that was both in front of the lens and behind the lens at the same time. Again my intention was to extract from a setting in order to retain a sense of place.

BHJ: *Talking to Ants* also investigates questions of perspectives and scale, and the photographs themselves are presented in a larger format. How do you make your decisions about format?

SG: With this series, it was key that the resulting finished prints somehow continued to pull the mind and add a confusion of scale, clarity and distortion, revealing and obscuring, along with a kind of harmony and disharmony, and working with the potentials of image disruptions. For me *Talking to Ants* really marries with the inner city London life that I knew and felt at the time. I have very good memories of working that series, it was very instinctual.

BHJ: You live in Sweden now and your most recent long term series and publication since that move is called *Night Procession*. Your method of collaborating with the subjects has been elaborated here even further. You seem to draw yourself further away from being the author, and your consciousness about questions of authorship, which in your different series has changed into a collaborative way of creating images. Would you agree to that?

SG: Yes, I agree. I understood that these new surroundings would inform my work in very different ways and that nature would play a key role.

I have been stepping back and having less control in order to entice and will the subject to step forward, and you could say with some aspects of the *Night Procession* series I stepped out altogether leaving almost only chance.

Soon after moving to Sweden I realised that this new, apparently bleak, flat and open landscape was in fact teeming with intense life. Small clues appeared in daylight hours that helped me understand the extent of activity during the night. Clusters of feathers, animal footprints, gnawed branches, eggshells, anthills, nibbled mushrooms and busy snails and slugs working through the feast provided from the previous night.

I started to imagine the creatures in absolute darkness on the forest floor driven by their instincts. I imagined them encountering each other. I thought of their eyes – near redundant in the thick of the night – and their sense of smell and hearing finely tuned and heightened.

Envisaging where this activity might unfold, coupled with a hopeful foresight, I placed cameras equipped with motion sensors to trees, mostly at a low level so that any movement triggered the camera shutter and an infrared flash (which was outside the animals' visual spectrum).

The first results filled me with fascination and joy as they presented something that felt like stepping off into another parallel and unearthly world. I started to think: '*if I were a deer where would I drink, or if, an owl where would I prefer to perch?*' and positioned cameras in such places. I was already composing the rectangular view in my mind's eye. Nature itself helped to decide the palette and the feel of the images as plant pigments were incorporated from the surrounding areas to make the final master prints.

This way of working took me back to my first ever photo project at the age of 13, sitting in the bathroom window of my parents' house in Bristol with a 10-metre cable release attached to the camera, attempting to photograph garden birds, though this time I was likely to be in bed sleeping whilst most of the images were made.

BHJ: One important aspect in your work are your artist books published under the imprint of *Nobody*. Could you describe this work as well?

SG: I have always loved photography in book form. I tend to work in series, so the book format as well as exhibitions were fitting because of the fixed sequence. Since 2005, I have self published, edited, sequenced and overseen the production for all of my books.

I never make work with a book in mind, and only when I feel I have exhausted a subject or the subject has exhausted me, will I start thinking about assembling the work and if and how it could surface. Some series I make never surface. I like to protect the actual work and avoid imposing external pressures or verbalising my intentions too much so as not to lose momentum or worse, de-rail the series before it exists.

BHJ: Thank you for giving this insight into your biography and your work, which, for the first time, will be presented in a survey exhibition comprising photography, projections and objects from your archive which are connected to the photographs and books in Germany at the Museum for Photography Braunschweig.

SG: Thank you.

Stephen Gill (b. 1971, Bristol, UK, currently lives in Sweden) became interested in photography in his early childhood, thanks to his father and interest in insects and initial obsession with collecting bits of pond life to inspect under his microscope.

Gill has emerged as a major force in British photography, his photographic work has been exhibited and held in collections at many international galleries and museums including London's National Portrait Gallery, Tate, The Victoria and Albert Museum, The Museum of London, The Photographers' Gallery, Victoria Miro Gallery, Palais des Beaux Arts, Brussels, Leighton House Museum, Haus der Kunst, Munich, GunGallery, Stockholm, The Sprengel Museum, Hanover and has had solo shows in festivals including Recontres d'Arles, The Toronto photography festival and PHotoEspaña.

Gill has also gained special recognition for his numerous original and beautiful self-published books.

www.stephengill.co.uk

www.nobodybooks.com

Books by Stephen Gill

2017   Night Procession
2015   Make It a Date Friday at Eight
2014   Best Before End
2014   Talking to Ants
2014   Hackney Kisses
2014   Pigeons
2012   Coexistence
2011   Off Ground
2010   Outside In
2010   A Book of Birds
2010   B Sides
2010   Coming up for Air
2009   44 photographs, Trinidad
2009   The Hackney Rag
2008   Warming Down
2008   A Series of Disappointments
2007   Anonymous Origami
2007   Hackney Flowers
2007   Archaeology in Reverse
2006   Buried
2005   Hackney Wick
2005   Invisible
2004   Field Studies

MUSEUM FÜR PHOTOGRAPHIE
BRAUNSCHWEIG

Stephen Gill. *Look Both Ways*

Diese Publikation erscheint anlässlich der Ausstellung:

Stephen Gill. Vom Dokument zum Experiment
Fotografien, Projektionen, Bücher, Objekte

This book is published on the occasion of the exhibition:

Stephen Gill. From document to experiment
Photographs, projections, books, objects

Museum für Photographie Braunschweig
Helmstedter Straße 1
38102 Braunschweig
Tel.: 0049-(0)531-75000
www.photomuseum.de
info@photomuseum.de

28.04. – 24.06.2018

Gefördert von/supported by:

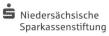

Die Braunschweigische
Stiftung

Herausgeber/Publisher: Museum für Photographie Braunschweig
in Zusammenarbeit mit/in collaboration with Nobody

Redaktion und Bildabfolge/editing and image sequence von/by:
Stephen Gill, www.stephengill.co.uk

Konzeption der Ausstellung/exhibition curator: Barbara Hofmann-Johnson,
Leiterin/director Museum für Photographie Braunschweig

Ausstellungsproduktion und kuratorische Assistenz/exhibition production
and curatorial assistance: Team Museum für Photographie Braunschweig:
Stefan Dau, Franziska Habelt M.A., Anne Wriedt M.A.

Vorstand/board Museum für Photographie Braunschweig e.V.:
Regine von Monkiewitsch, Axel Grüner, Dr. Bernd Farny, Dr. Martin Kaldenhoff, Michael Ewen

Übersetzung/translation – Lektorat/proof reading: Lisa Goost, Köln/Cologne

Grafische Gestaltung/Graphic Design: Florian v. Wissel, hoop-de-la, Köln/Cologne

Gedruckt von/printed by: Zimmermann GmbH Druck+Medien, Köln/Cologne

Papier/paper: Munken Pure 170 g/qm von Arctic Paper   Munken

© Images: Stephen Gill
© Text/interview: Stephen Gill & Barbara Hofmann-Johnson

Alle Rechte vorbehalten/all rights reserved

Edition of 1000 copies

Die Deutsche Nationalbibliothek führt diese Publikation in der Deutschen Nationalbibliothek.
Details zu den bibliografischen Angaben finden sich auf der Homepage: http://dnb.dnb.de

Bibliographic information published by the Deutsche Nationalbibliothek
The Deutsche Nationalbibliothek lists this publication in the Deutsche Nationalbibliografie;
detailed bibliographic data are available in the Internet at http://dnb.dnb.de

Stephen Gill. *Look Both Ways* Eine Publikation von/a publication by: Salon Verlag, Köln
www.salon-verlag.de, mail@salon-verlag.de

Distribution: Buchhandlung Walther König, Köln, Ehrenstraße 4, 50672 Köln
Tel.: 0049-(0)221-2059653, verlag@buchhandlung-walther-koenig.de

ISBN 978-3-89770-509-8